Murmuración:
¿ENTRETENIMIENTO SOCIAL O ACTO CENSURABLE?

Gerardo DeAvila

Publicado por
Editorial **Unilit**
Miami, Fl. 33172
Derechos reservados

Primera edición 1995

Derechos de autor © Gerardo De Avila
Todos los derechos reservados. Este libro o porciones
no puede ser reproducido sin el permiso de los editores.

Citas Bíblicas tomadas de Reina Valera, (RV)
revisión 1960
© Sociedades Bíblicas Unidas
Usada con permiso

Las opiniones expresadas por el autor de este libro
no reflejan necesariamente la opinión de esta Editorial.

Producto 498078
ISBN 0-7899-0011-4
Impreso en Colombia
Printed in Colombia

CONTENIDO

Introducción	5
1. Definición y etimología	13
2. Naturaleza de la murmuración	21
3. Categorización bíblica del murmurador	31
4. Casos bíblicos de murmuración	37
5. ¿Por qué murmura el hombre?	49
6. Resultados de la murmuración	59
7. Cómo detener la murmuración	67
8. ¿Cómo protegerse de la murmuración?	79

*Un silencio juicioso
es siempre mejor
que una verdad
dicha sin amor*

De Sales

Introducción

Cuando a Diógenes le preguntaron: ¿Cuál es la bestia cuya mordida es la más peligrosa? Su respuesta fue: "De las bestias salvajes la difamación, de las bestias domesticadas la adulación."

A pesar de la opinión de Diógenes —opinión que es compartida por otros grandes pensadores—; pero más importante aun a pesar de la fuerza con que es condenada la murmuración en la Biblia, algunos periódicos tienen una columna dedicada a la murmuración. Hay revistas cuyo solo propósito es la murmuración; encargadas de publicar los últimos chismes de la semana. Existe un tipo de periodista que se ocupa solamente en reportar chismes, cuya lengua es temida por artistas y funcionarios públicos. Murmuración y chisme son, etimológicamente, equivalentes. Así que éstos no son periodistas, sino chismosos o murmuradores, escoja el lector cómo quiere llamarlos. No faltan los que han hecho su fortuna y adquirido dudosa posición social difamando a otras personas con esta clase de "periodismo". No cabe duda que la murmuración es una ocupación lucrativa. En una sociedad corrupta no podría ser de otra manera. Se ha dicho que el diablo paga bien a los que le sirven.

La murmuración es uno de los pecados más comunes, pero menos censurados. Entre los que se llaman cristianos se da el caso de los que se lamentan de la condición del mundo, de los adulterios, de la fornicación, así como del triste estado de la juventud, y piden al Señor que los guarde y libre del mal; rogando su protección frente a este estado de cosas pero, a renglón seguido se pondrán a murmurar, no conscientes de que lo que ahora están haciendo es tan repudiable como lo que acaban de condenar. La murmuración es un pecado tan común y sutil que, sin temor a la equivocación, se puede afirmar que un alto porcentaje de los que se llaman cristianos lo practican con tanta facilidad que ni cuenta se dan de la gravedad de lo que están haciendo. La murmuración se ha normalizado a tal punto que ha sedado la conciencia para que ésta no cumpla su función.

Una de las cosas que contribuye a la sutileza de este pecado es la aceptación social que tiene. Muchos cristianos han caído en la trampa de hacer grave sólo lo que la sociedad hace grave y de restarle importancia a aquello a lo que la sociedad se la resta. Por eso es que estos cristianos se alarman cuando se habla de adulterio, porque éste, además de ser considerado como pecado en la Biblia, está definido como crimen en los códigos de algunos estados y tratado como conducta antisocial en la mayoría de las culturas. Este tipo de cristiano corrobora lo que el mundo establece. Aquello a lo que el mundo quita gravedad o decriminaliza ellos también lo miran de esa manera. Hay naciones donde una persona puede ir a la cárcel por adúltero, pero yo no conozco ningún estado donde alguien vaya a la cárcel por murmurar; a menos que los tribunales establezcan que es libelo.

La murmuración es el condimento indispensable de las fiestas de este mundo y, lamentablemente, también el de las de algunos que reclaman ser cristianos. Más trágico aun, la murmuración es el tema en algunas reuniones de oración en hogares llamados cristianos. Quizás por eso algunos pastores no favorecen las reuniones de hogar, ni aun cuando los que quieren celebrarlas digan que es para orar. Es una vergüenza que en algunas de estas reuniones se conspire contra líderes de la iglesia y se diga a espaldas de ellos lo que no se les dice de frente. Que la murmuración tenga lugar en reuniones sociales de personas que no profesan la fe cristiana es comprensible, pues ese es el ambiente natural de esas personas; pero lo que es inconcebible es que ocurra en reuniones donde se orará por el bienestar de la iglesia, y la redención de este mundo. A veces aun se ora por aquellos líderes contra los cuales se ha murmurado; o se murmurará después de la oración. Al pensar en esto vienen a la mente del autor las palabras de Cristo: *"¡Ay de vosotros, escribas y fariseos, hipócritas! porque devoráis las casas de las viudas, y como pretexto hacéis largas oraciones; por esto recibiréis mayor condenación"* (Mateo 23:14).

Es la opinión del que escribe que muchos cristianos utilizan demasiado tiempo hablando de tener al diablo pisoteado, del poder milagroso que tienen para hacer cosas espectaculares y de lo bueno que va a ser cuando estén en el cielo; pero se han olvidado de la parte ética de la fe, de lo que tiene que ver con el carácter cristiano. Por eso en nuestro tiempo puede darse el caso de individuos que utilizan la radio, la televisión, y templos muy concurridos para atacar en forma enardecida, por ejemplo, la pornografía y terminado el ataque la misma persona va a participar de ella. Como el caso del predicador, apasionado abanderado en contra de la pornografía, que cuando fue parado por la policía por razones de tránsito se descubrió que viajaba con una prostituta y literatura pornográfica. Lo irónico es que se encontraba en la ciudad donde tuvo lugar el incidente para participar en unas reuniones de oración en respaldo a su ministerio.

Se ha llegado al punto de engrandecer y glorificar lo sensacional y descuidar los valores de la fe cristiana. Se debe recordar que el cristianismo es eminentemente una forma de vida, independiente de ir al cielo, independiente a estar dotada la iglesia de ciertas gracias particulares que son parte del patrimonio de ser cristianos. A una congregación del primer siglo, en la que algunos de sus miembros se jactaban de experiencias sobrenaturales pero su conducta era cuestionable, el apóstol Pablo le escribió que *"el reino de Dios no consiste en palabras, sino en poder"* (1 Corintios 4:20). El cristianismo es una manera de vivir, un estilo de vida en el que debe estar presente una serie de virtudes. "Para el hombre en Cristo la vida ética no es la vida obligatoria, sino más bien la única vida" (The Interpreter's Bible).

La murmuración es una de las grandes contradicciones en la conducta de algunos que se llaman cristianos a la que no se le ha dado la debida importancia. Aparentemente este es uno de los pecados que menos lastima la sensibilidad de los supuestos seres espirituales. Sin embargo, la ética cristiana no deja lugar para la murmuración. En la Biblia la murmuración es enérgicamente condenada, vigorosamente repudiada, categóricamente rechazada. Con relación a la murmuración la Biblia habla en forma directa y severa, definiéndola e ilustrando con casos concretos como Dios la trata.

Al leer el Antiguo Testamento se descubre que este pecado tuvo trágicas consecuencias en la historia de los judíos, como individuos y como nación. Frente a esta incontrovertible realidad histórica tenemos que suponer que los murmuradores nunca han leído esta parte de la Biblia o creen, como la teología racionalista, que el Antiguo Testamento es un conjunto de leyendas del folklore judío y lo que dice es una forma mítica de expresar algunas ideas. Pero el que ha leído el Antiguo Testamento y cree que es la Palabra de Dios y que por lo tanto es la verdad, que su historia es fidedigna y no cuentos orientales, no puede jamás murmurar. Toda persona que murmura, teniendo dominio de esta información, o está enajenada de la realidad o no cree que la Biblia es la verdad. Quizás después de la idolatría, lo que tuvo resultados más graves en la historia bíblica fue la murmuración. En sus *Apuntes de Sermones*, Spurgeon cita las siguientes palabras de T. Watson "Los israelitas son llamados "murmuradores" y "rebeldes" en este mismo texto (Números 17:10); y ¿no es la rebelión como pecado de brujería?" (1 Samuel 15:23). Si tú eres un murmurador cuenta con que Dios te considera como un brujo, o sea como uno que tiene pacto con el diablo. Este es un pecado de primera magnitud. Murmurar termina a veces en maldición". A las palabras de Watson se puede agregar "y a veces en la muerte". La insistencia y seriedad bíblica con relación a esto es de tal magnitud, que es imposible pensar que una persona que entienda la Biblia pueda dedicarse a murmurar.

La murmuración podrá tener un lugar prominente en una sociedad corrupta y, consciente o inconscientemente, ser parte de la conducta de algunos que dicen ser cristianos; pero en la Biblia es condenada sin atenuantes. Este pecado fue severamente retribuido tanto en el Antiguo como en el Nuevo Testamento. La Biblia registra casos en que el juicio de Dios cayó sobre los murmuradores en forma fulminante.

La intención de este libro es demostrar, con razones bíblicas, la incompatibilidad de la murmuración con la piedad cristiana. Después de revisar los pasajes bíblicos que se presentarán, el murmurador tendrá sólo dos opciones: No creer en la Biblia como la Palabra de Dios, o no murmurar. Entre la fe cristiana y la murmuración la coexistencia es imposible. Pero, lamentablemente, el caso es "que un entretenimiento favorito de la iglesia es alabar a los santos que han muerto y criticar a los que todavía están vivos." (Rápidas, Abril 1976).

Gerardo De Avila,
Miami, verano de 1994

Capítulo 1

Definición y etimología

I. Definición española.

La Real Academia define la murmuración de la siguiente manera: "conversación en perjuicio de un ausente". La palabra perjuicio es fundamental en esta definición, porque uno puede hablar de personas que están ausentes y no ser murmuración, si en lo que se conversa no está involucrado el elemento del perjuicio. De un ausente sólo se puede conversar lo que es positivo; con la excepción de la información que tiene un carácter utilitario; es decir, la información es necesaria para evitar un mal o proteger a alguien.

El elemento de perjuicio es importante aun cuando lo que se diga sea verdad. Aclaremos este punto que, en el criterio del autor, es de capital importancia. A este fin *diabolo*, la palabra griega para diablo, nos ayudará. La denotación más común de esta palabra es calumniador, el que dice algo falso de alguna persona; pero *diabolo* puede también ser usado para designar a aquel que dice una verdad con la intención de perjudicar.

Ilustrémoslo con la información que pudiéramos tener de alguien. Estos son ejemplos hipotéticos. Fui pastor de un hombre, excelente maestro de la escuela dominical, que desarrolló la desviación sexual de molestar niños. Cuando establecimos que era un pederasta quisimos ayudarle, pero él rechazó la ayuda, se mudó de nuestra ciudad y empezó a asistir a otra congregación. Ganó la confianza de su nuevo pastor, que desconocía su historia, y por su habilidad docente pronto estaba de maestro de niños. No pasó mucho tiempo antes de que se descubriera que estaba molestando sexualmente a tres alumnos de su nueva clase. Al ser confrontado con su conducta se desapareció de la iglesia. Unos tres meses después de este último incidente, del que me entero accidentalmente, estoy de visita en una iglesia de otra localidad y el pastor me pregunta si conozco un hombre que ha visitado la iglesia en los últimos tres domingos y que parece muy interesado en ayudar en el programa de educación cristiana de niños. Cuando le pregunto el nombre, es el mismo hombre. En este caso es mi obligación cristiana informar a este pastor de la historia de su visitante. En esta instancia informar sobre la conducta de este hombre no es murmuración. El elemento de perjuicio no está presente; y sí el elemento utilitario de la protección de los niños. William Penn recomendaba "nunca digas lo que pueda hacer daño a otro, a menos que ocultarlo haga a otro un daño mayor".

El otro ejemplo es el de un pastor que comete un pecado de infidelidad conyugal; lo reconoce y se arrepiente. Han pasado quince años y jamás este pastor ha repetido este pecado. El Comité de Púlpito de una iglesia en otro país está en las gestiones de invitarlo al pastorado. Me preguntan si conozco a este pastor y qué opinión tengo de él. En este caso, la información que tengo de su infidelidad conyugal no es relevante; no cumple ninguna función utilitaria, por lo tanto debo silenciarla. Hablar de ello podría levantar suspicacia en algún miembro del comité, innecesariamente, sin ayudar a nadie. Lo que ocurrió, en forma aislada, hace quince años, no debe pesar en la decisión. Aquí, aunque ha habido adulterio, no existe un patrón de conducta adúltera. En la opinión bíblica el hombre cometió adulterio pero no es adúltero. Su error no lo descalifica para el pastorado, porque en los libros de Dios no existe. La Biblia hace una clara distinción entre el pecado como accidente y el pecado como condición (ver mi libro *El Purgatorio Protestante*). En este caso, dar la información, sería murmuración. Si al decirlo hago daño estoy haciendo el papel de *diabolo*.

II. Etimología bíblica

Además de la definición para murmuración que nos da nuestra lengua nos ayudará considerar la etimología de varias palabras que la Biblia usa para murmuración.

"El hombre perverso levanta contienda y el chismoso aparta los mejores amigos".

Proverbios 16:28

En esta traducción castellana se usa la palabra chismoso, hay una traducción inglesa donde se usa la palabra murmurador, la palabra hebrea significa difamador, llevador de cuentos. A eso se dedica el murmurador, a llevar cuentos.

Dijo también Moisés: Jehová os dará en la tarde carne para comer, y en la mañana pan hasta saciaros; porque Jehová ha oído vuestras murmuraciones con que habéis murmurado contra él, porque nosotros, ¿qué somos? Vuestras murmuraciones no son contra nosotros, sino contra Jehová.

Exodo 16:8

En este versículo murmuraciones viene de una raíz que significa obstinación. Una de las características del murmurador es el elemento de la obstinación, es una especie de persistencia en esa conducta. El individuo que murmura es obstinado en su murmuración y es difícil modificar su comportamiento, no es fácil hacerlo cambiar. Siempre busca una explicación, constantemente racionaliza para justificar lo que está haciendo.

Entonces el pueblo murmuró contra Moisés.

Exodo 15:24

La palabra que se traduce aquí por murmuró tiene también el significado de pernoctar, quedarse en un lugar, parar, detenerse. La murmuración detiene el progreso de la obra de Dios. Paraliza sus planes. En este caso no parece que tiene ese efecto pero, más adelante, cuando tratemos la murmuración de María y Aarón veremos que ese fue el efecto que tuvo la murmuración de éstos contra Moisés.

En aquellos días, como creciera el número de los discípulos, hubo murmuración de los griegos contra los hebreos, de que las viudas de aquéllos eran desatendidas en la distribución diaria.

Hechos 6:1

Aquí la palabra griega para murmurar es interesante y sugestiva, significa hablar con los labios casi cerrados, es el equivalente de cuchicheo. La murmuración tiene un elemento de misterio, de que no oiga la otra gente o

> *El individuo que murmura es obstinado en su murmuración y es difícil modificar su comportamiento, no es fácil hacerlo cambiar. Siempre busca una explicación, constantemente racionaliza para justificar lo que está haciendo.*

de cambiar de conversación cuando ven que la persona de quien se está hablando aparece. En este versículo ese es el significado. "En aquellos días, como creciera el número de los discípulos hubo cuchicheo de los griegos contra los hebreos". Las viudas griegas estaban murmurando de las hebreas y cuando alguna de éstas llegaba dejaban el cuchicheo y a lo mejor le decían: "hermana, buenos días, ¿cómo está? El Señor la bendiga (hoy algunos le dirían ¡Bendecida!), ¡qué felicidad verla! Bueno, tengo que seguir. Que el Señor la guarde. ¡Bendecida!

Reunidos murmuran contra mí.

Salmo 41:7

Murmurar en este versículo es algo que se dice en forma no comprensible para las demás personas. La palabra que se usa para murmuraban significa expresión en palabras no muy inteligibles, por implicación la encantación de un mago, hechizo. La idea de hechizo en esta palabra es interesante porque la gente que murmura hechiza a su auditorio. Hay personas que cuando escuchan una murmuración es como si estuvieran bajo la influencia de un mago, hipnotizadas. Tanta atención ponen, tanto disfrutan participar en la murmuración.

Capítulo 2

Naturaleza de la murmuración

La murmuración es actividad reservada sólo a personas de moral sumamente baja. Las palabras usadas en la Biblia y la definición de la Real Academia no permiten otra conclusión. El murmurador está en uno de los peores niveles de los estratos sociales. Dios lo cataloga entre los seres más corruptos. El murmurador aparece en las listas bíblicas de los peores males que aquejan a la humanidad.

Las palabras que usa la Biblia para describir la murmuración son iluminadoras de su carácter y del carácter del murmurador. Aquí nos referiremos sólo a cuatro categorías.

1. Es un acto de cobardía. *"Y había gran murmullo acerca de él... Pero ninguno hablaba abiertamente de él, por miedo a los judíos" (Juan 7:12,13).*

> *El murmurador está en uno de los peores niveles de los estratos sociales. Dios lo cataloga entre los seres más corruptos.*

La murmuración es un acto de cobardía. Quien murmura dice a espaldas de una persona lo que no se atreve a decirle en su cara. El murmurador es por naturaleza miedoso. Tiene valor para decirlo, pero miedo de que se descubra que lo dijo. El murmurador no tiene el valor de llamar a la persona y decirle, lo que en su opinión, ella está haciendo mal. Más cobarde aun es el hecho del murmurador que cuando se encuentra con la persona de la que ha murmurado, cuyo carácter ha destruido, le da la mano o la abraza. El murmurador es como la gatica del hortelano que tira la piedra y esconde la mano. Murmurar no es sólo un acto de cobardía sino además de impiedad. Si lo que el murmurador está diciendo es verdad, al decirlo a espaldas de la persona la está privando de la oportunidad de corregir su falta. Si una persona está equivocada ¿cómo puede ayudársele a salir de su equivocación si se le dice a otras personas menos a la equivocada? En este caso no sólo hay cobardía, hay impiedad, hay falta de amor, hay agresión, hay intención de destrucción. Lo menos que imaginan los murmuradores es que en algunos casos la persona de quien han hablado lo sabe. Pero como la persona los sigue tratando igual, al no haber cambio piensan que la murmuración no ha llegado a oídos del perjudicado. Lo que ocurre es que algunos murmuran de personas quienes tienen la estatura *espiritual que les permite, al ser agredidas, no agredir sino reportar la causa al que juzga justamente. Estos han aprendido de aquel "quien cuando le maldecían, no respondía con maldición; cuando padecía, no amenazaba, sino encomendaba la causa al que juzga justamente"* (1 Pedro 2:23). El caso es diferente cuando de quien se murmura tiene la misma condición moral del murmurador. Aquél se defiende de éste murmurando también de él y empieza la batalla campal. El diablo con todo su poderío infernal y todos sus demonios invita al espectáculo de dos que se llaman cristianos y en forma inmisericorde se destruyen el uno al otro.

Pero ninguno hablaba abiertamente de él, por miedo a los judíos. El murmurador habla siempre en las sombras, como los cobardes, nunca da el frente, eso sería contrario a su naturaleza. La obscuridad es su ambiente, como el de toda obra de las tinieblas, *"...los hombres amaron más las tinieblas que la luz, porque sus obras eran malas" (Juan 3:19). No lo hace cara a cara porque teme a las consecuencias. Si lo oyeran los amigos de aquel contra quien murmura podrían no tolerarlo. Además, teme que su falsedad pueda ser manifestada. Si la persona estuviera presente y quisiera defenderse demostraría que la crítica que se le hace es falsa, como usualmente es toda murmuración. El murmurador sonríe de frente y murmura por la espalda. Su escudo es el beso de Judas.*

2. Revela un carácter pobre. Como regla general el murmurador es persona de pobre formación y de inteligencia limitada. Su tiempo no es requerido por cosas importantes, por eso lo ocupa en murmurar. Decía Robert West que para la ocupación de murmurador "no hacía falta ni carácter ni cerebro". María Louise de la Ramée (Ouida), poetisa inglesa fallecida en la primera década de este siglo, era más magnánima que el clérigo metodista y concedía al murmurador cerebro, pero decía que lo tenía vacío "un cerebro vacío y una lengua que murmura son aptas para ir juntas". En la opinión de esta escritora, la murmuración llenaba el cerebro vacío y la lengua hacía la distribución. Josiah Gilbert Holland, sin embargo, era más cáustico y creía que la murmuración era "siempre una confesión personal de maldad o de imbecilidad". Es evidente que ninguna de las dos cosas a que se refiere West, carácter y cerebro, son necesarias para ser murmurador; al contrario, es imprescindible que ambas estén ausentes. El murmurador es persona de dudosa inteligencia y cuestionable educación. Una

persona educada no murmura, su cultura se lo impide. La inteligencia del murmurador se puede poner en tela de juicio porque el inteligente no murmura. Esta es la ocupación que menos inteligencia y carácter exige y la piedad es un obstáculo. El murmurador tiene también que ser concebido como persona inmadura. Aunque cronológicamente sea adulto, sicológicamente no lo es. La persona madura, adulta, no murmura. Y esto no es un descubrimiento de la sicología moderna, ya un poeta griego lo había dicho tres siglos antes de Cristo, "El que ofrece un fácil y crédulo oído a la calumnia es, o un hombre de enferma moral o no tiene más sentido y comprensión que un niño" (Menandro).

Es insaciable. El murmurador tiene que murmurar constantemente, todos los días, de todo el mundo y no se sacia. El cordón umbilical que lo mantiene vivo es la murmuración. Aquí son apropiadas las palabras de Thoreau: "El buscador de faltas las encontrará hasta en el paraíso".

Una de las características de un vicio es que la persona jamás se sacia; cada vez quiere más y más y más... Eso explica los casos de sobredosis de drogas, porque el vicio cada día demanda dosis más fuertes. Los murmuradores se esclavizan a la murmuración. Son tan esclavos como el esclavo de la heroína, el esclavo del adulterio, el esclavo sexual, el esclavo del alcohol, el esclavo de cualquier cosa perversa.

Como todo vicio, la murmuración nunca satisface; al contrario, va en aumento, y la persona cada vez es más esclava de ese patrón de conducta y menos capaz de ser objetiva y ver virtudes en las otras personas. El murmurador es un ser insaciable. Las palabras de Thoreau son precisas aunque su teología es débil. El que quiere encontrar faltas las encontrará aun donde éstas no existan, pero esta gente no entrará en el paraíso a menos que haya conversión, y si hay conversión la murmuración cesa. Este tipo de conducta, según la enseñanza de la Biblia, excluye del reino de los cielos. (Romanos 1:32).

4. Es criminal. Tryon Edwards, teólogo americano fallecido a fines del siglo pasado, hizo la siguiente comparación: "El calumniador y el asesino son distintos sólo en el arma que usan. Para uno es la daga, para el otro la lengua. El primero es peor que el segundo, porque éste sólo mata el cuerpo, el otro asesina la reputación y la paz." El murmurador destruye el carácter sin dar a su víctima la oportunidad de la defensa. Si los que le escuchan no conocen a aquel de quien se murmura, lo considerarán como muerto en lo que a relaciones interpersonales se refiere y no querrán tener trato con él o con ella. Se ha cometido un crimen social. Y no estaba Edwards lejos del pensamiento bíblico, porque si leemos Proverbios 18:21 encontramos que *"La muerte y la vida están en poder de la lengua."* La lengua no redimida puede ser homicida y como ésta no es autónoma, la responsabilidad del homicidio recae en la persona.

Santiago atribuye a la lengua el mismo destructor poder:

> *He aquí nosotros ponemos freno en la boca de los caballos para que nos obedezcan, y dirigimos así todo su cuerpo. Mirad también las naves; aunque tan grandes, y llevadas de impetuosos vientos, son gobernadas con un muy pequeño timón por donde el que las gobierna quiere. Así también la lengua es un miembro pequeño, pero se jacta de grandes cosas. He aquí, ¡cuán grande bosque enciende un pequeño fuego! Y la lengua es un fuego, un mundo de maldad. La lengua está puesta entre nuestros miembros, y contamina todo el cuerpo, e inflama la rueda de la creación, y ella misma es inflamada por el infierno. Porque toda naturaleza de bestias, y de aves, y de serpientes, y de seres del mar, se doma y ha sido domada por la naturaleza humana; pero ningún hombre puede domar la lengua, que es un mal que no puede ser refrenado, llena de veneno mortal. Con ella bendecimos al Dios y Padre y con ella maldecimos a los hombres, que están hechos a la semejanza de Dios. De una misma boca proceden bendición y maldición. Hermanos míos, esto no debe ser así. ¿Acaso alguna fuente echa por una misma abertura agua dulce y amarga?*

Hermanos míos, ¿puede acaso la higuera producir aceitunas, o la vid higos? Así también ninguna fuente puede dar agua salada y dulce.

Santiago 3:3-12

Santiago utiliza dos interrogaciones retóricas para establecer que es contradictorio que una persona adore a Dios en el culto y fuera del culto murmure de los hombres, "que están hechos a la semejanza de Dios". Para Santiago es una imposibilidad que de la boca que sale bendición al Padre salga maldición para el hombre y, murmurar y maldecir es la misma cosa. Parece que algunas personas ignoran, o quieren ignorar, la relación que existe entre maldecir y murmurar. Cuando una persona murmura se incapacita para bendecir. Santiago establece que es imposible que la misma persona haga dos cosas que son contradictorias.

Si aceptamos una de las leyes de lógica propuestas por Aristóteles, la de la contradicción, se nos hacen claras las alternativas que Santiago nos da. Decía el filósofo que cuando dos proposiciones se contradicen una de ellas es falsa. La murmuración hace falsa la bendición y la bendición hace falsa la murmuración. Por lo tanto, la persona tiene que decidir entre su culto a Dios y la murmuración contra el hombre, entre su alabanza a Dios y la destrucción del que lleva su imagen, entre la utilización de su boca para bendecir a Dios y la utilización de su boca para maldecir a su prójimo. Estas ocupaciones se excluyen recíprocamente. En lógica siempre se niega lo contrario a lo que se afirma y viceversa. Tenemos que decidir en que nos ocuparemos: La afirmación de la maldición es la negación de la bendición.

Capítulo 3

Categorización bíblica del murmurador

¿Cómo categoriza la Biblia al murmurador? ¿Qué opinión tiene Dios de él? ¿Cuál es el lenguaje que usa la Biblia para este tipo de persona? Veamos la categorización que, en la Biblia, nos da Dios del murmurador.

> *Pero éstos blasfeman de cuantas cosas no conocen; y en las que por naturaleza conocen, se corrompen como animales irracionales. ¡Ay de ellos! porque han seguido el camino de Caín, y se lanzaron por lucro en el error de Balaam, y perecieron en la contradicción de Coré. Estos son manchas en vuestros ágapes, que comiendo impúdicamente con vosotros se apacientan a sí mismos; nubes sin agua, llevadas de acá para allá de los vientos;*

árboles otoñales, sin fruto, dos veces muertos y desarraigados; fieras ondas del mar, que espuman su propia vergüenza; estrellas errantes, para las cuales está reservada eternamente la oscuridad de las tinieblas. De éstos también profetizó Enoc, séptimo desde Adán, diciendo: He aquí, vino el Señor con sus santas decenas de millares, para hacer juicio contra todos, y dejar convictos a todos los impíos de todas sus obras impías que han hecho impíamente, y de todas las cosas duras que los pecadores impíos han hablado contra él. Estos son murmuradores, querellosos, que andan según sus propios deseos; cuya boca habla cosas infladas, adulando a las personas para sacar provecho... Estos son los que causan divisiones; los sensuales, que no tienen al Espíritu.

Judas 10-16,19

El apóstol Judas pone al murmurador en la misma categoría moral de los habitantes de Sodoma y Gomorra y por lo tanto los hace dignos del mismo castigo. Cuando él habla de esas fieras ondas del mar, esas estrellas errantes, esos animales irracionales, se refiere a un grupo de personas que incluye murmuradores. "Estos son murmuradores, querellosos, que andan según sus propios deseos...

estos son los que causan divisiones; sensuales, que no tienen al Espíritu". Los murmuradores son "nubes sin agua, llevadas de acá para allá por los vientos; árboles otoñales, sin fruto, dos veces muertos y desarraigados." Las palabras del apóstol Pablo en 2 Corintios 12:20 son afines a las de Judas *"Pues me temo que cuando llegue, no os halle tales como quiero, y yo sea hallado de vosotros cual no queréis; que haya entre vosotros contiendas, envidias, iras, divisiones, maledicencia, murmuraciones, soberbias, desórdenes"*.

Según la Biblia es claro el grupo al que pertenecen los murmuradores. Su categoría es la de las contiendas, las envidias, las iras, las divisiones, las soberbias, los desórdenes, las maledicencias. Según la Palabra de Dios ese es el lugar que corresponde a los murmuradores.

Aunque se llame cristiano, el murmurador es una negación categórica de la espiritualidad. Judas dice que estas personas no tienen el Espíritu. "Es más simple entender neuma aquí por Espíritu Santo... Otros, p.ej., Plumptre, prefieren la explicación que "los falsos maestros estaban tan absorbidos en su baja naturaleza sensual que ya no poseían, en ningún real sentido de la palabra, ese elemento que es parte de la composición del ser del hombre,

> *Aunque se llame cristiano, el murmurador es una negación categórica de la espiritualidad.*

que es en sí mismo espiritual y capaz, por lo tanto, de tener comunión con el Espíritu Divino" (Mayor). La conducta del murmurador está diametralmente opuesta a la que es inspirada por el Espíritu de Dios. El murmurador es persona controlada por apetitos puramente carnales.

En la epístola a los Romanos el apóstol Pablo incluye la murmuración como una de las depravaciones del hombre pagano primitivo:

Y como ellos no aprobaron tener en cuenta a Dios, Dios los entregó a una mente reprobada, para hacer cosas que no convienen; estando atestado de toda injusticia, fornicación, perversidad, avaricia, maldad; llenos de envidia, homicidios, contiendas, engaños, y malignidades, murmuradores, detractores, aborrecedores de Dios, injuriosos, soberbios, altivos, inventores de males, desobedientes a los padres, necios, desleales, sin afecto natural, implacables, sin misericordia: quienes, habiendo entendido el juicio de Dios, que los que practican tales cosas son dignos de muerte, no sólo las hacen, sino que también se complacen a los que las practican.

Romanos 1:28-32

Esta es una descripción del mundo en su forma más horrible, en un estado de corrupción total, en completa enajenación de Dios. La finalidad que tiene este capítulo es informar al nivel tan bajo que llegó el hombre al apartarse de Dios. ¿Cuáles son las "tales cosas" a qué se refiere el apóstol, cuya gravedad hace dignos de muerte a los que las llevan a cabo? Es probable que algunos sólo vean con

---

Lamentablemente, la sociedad depravada ha condicionado a muchos que se llaman cristianos para que no vean la murmuración con la gravedad que tiene en los documentos inspirados por Dios y la consideren sólo un frívolo entretenimiento.

esa gravedad la mente depravada, la fornicación, la avaricia, los homicidios, los aborrecedores de Dios; y pasen por alto a los murmuradores, pero en buena exegésis bíblica eso no puede hacerse. Tales cosas es la relación que el apóstol da de lo que él considera expresiones de una mente depravada. Murmuradores y aborrecedores de Dios ocupan el mismo lugar en la lista y, hasta donde llega la información del autor, no existe ningún mecanismo exegético que permita hacer niveles de gravedad entre "tales cosas". En este pasaje murmuración, fornicación y aborrecimiento a Dios proceden de la misma fuente: una mente depravada. Fornicario, adúltero, aborrecedores de Dios, y murmuradores, constituyen, en esencia, la misma clase.

Lamentablemente, la sociedad depravada ha condicionado a muchos que se llaman cristianos para que no vean la murmuración con la gravedad que tiene en los documentos inspirados por Dios y la consideren sólo un frívolo entretenimiento.

Capítulo 4

Casos bíblicos de murmuración

Habiendo atendido la parte conceptual de la murmuración pasemos a la parte práctica. Analicemos dos casos en la historia bíblica. Sólo presentaremos estos dos; el lector puede buscar otros, a modo de ejercicio.

El primer caso que trataremos es el de María y Aarón, cuando éstos murmuraron contra su hermano Moisés por causa de la mujer que él había tomado. El incidente está registrado en el capítulo 12 de Números. Veamos cómo Dios trata el asunto.

> María y Aarón hablaron contra Moisés a causa de la mujer cusita que había tomado; porque él había tomado mujer cusita. Y dijeron: ¿Solamente por Moisés ha hablado Jehová? ¿No ha hablado también

por nosotros? Y lo oyó Jehová. Y aquel varón Moisés era muy manso, más que todos los hombres que había sobre la tierra. Luego dijo Jehová a Moisés, a Aarón y a María: Salid vosotros tres al tabernáculo de reunión. Y salieron ellos tres. Entonces Jehová descendió en la columna de la nube y se puso a la puerta del tabernáculo y llamó a Aarón y a María; y salieron ambos. Y él les dijo: Oíd ahora mis palabras. Cuando haya entre vosotros profeta de Jehová, le apareceré en visión, en sueños hablaré con él. No así a mi siervo Moisés, que es fiel en toda mi casa. Cara a cara hablaré con él, y claramente y no por figuras; y verá la apariencia de Jehová. ¿Por qué, pues, no tuvisteis temor de hablar contra mi siervo Moisés? Entonces la ira de Jehová se encendió en ellos; y se fue. Y la nube se apartó del tabernáculo, y he aquí que María estaba leprosa como la nieve y miró Aarón a María y he aquí que estaba leprosa. Y dijo Aarón a Moisés: ¡Ah! señor mío no pongas ahora sobre nosotros este pecado; porque locamente hemos actuado, y hemos pecado. No quede ella ahora como el que nace muerto, que al salir vientre de su madre, tiene ya medio consumida su carne. Entonces Moisés clamó a Jehová, diciendo: Te ruego, oh Dios, que la sanes ahora. Respondió Jehová a

> *Moisés: Pues si su padre hubiera escupido en su rostro, ¿no se avergonzaría por siete días? Sea echada fuera del campamento por siete días, y después volverá a la congregación. Así María fue echada del campamento siete días; y el pueblo no pasó adelante hasta que se reunió María con ellos. Después el pueblo partió de Hazerot, y acamparon en el desierto de Parán.*
>
> Números 12:1-15

De este incidente se derivan tres cosas:

1. El carácter de Moisés. Cuestionaron su ministerio. Cuestionaron su don profético. Cuestionaron su liderazgo. Pero "aquel varón Moisés era muy manso, más que todos los hombres que había sobre la tierra". Frente a la murmuración de su propia familia la reacción de Moisés fue "te ruego, oh Dios, que la sanes ahora". La suerte de algunas personas, si es que se puede llamar suerte, es que murmuran contra quienes realmente han encontrado a Dios y aprendido que él es Juez Justo, por lo tanto saben cómo responder a la murmuración. Pero Dios, por ser justo y ceñirse a su propia ley de que "todo lo que el hombre sembrare, eso también segará" permite que tarde o temprano el murmurador encuentre la horma de su zapato.

2. Efecto comunitario de la murmuración de los hermanos de Moisés. "María fue echada del

> *Pero Dios, por ser justo y ceñirse a su propia ley de que "todo lo que el hombre sembrare, eso también segará" permite que tarde o temprano el murmurador encuentre la horma de su zapato.*

campamento siete días; y el pueblo no pasó adelante hasta que se reunió María con ellos". Cuando se vive en sociedad la conducta del individuo tiene consecuencias que afectan a toda la comunidad a que éste pertenece. Aquí es válido el dicho que sufren justos por pecadores. El pueblo perdió una semana. Siete días en que todo quedó paralizado, siete días inútiles, todo por la conducta de dos personas. Todo un pueblo, niños, jóvenes y ancianos, sufre debido a la irresponsabilidad de dos personas; porque sólo los irresponsables actúan sin preguntarse ¿qué efecto tendrá en la vida de otras personas mi comportamiento? Si el miembro de la iglesia, los pastores u otros líderes de la iglesia, el esposo, la esposa, los hijos, los gobernantes de los pueblos, se hicieran esta pregunta el mundo en que vivimos tendría otras características.

3. Reacción humana frente a medidas drásticas. ¿Cuándo fue que Aarón dijo que había obrado

locamente? Cuando vio a su hermana leprosa. El pecado pone al hombre en una situación tan absurda que la voz de Dios no es suficiente, la lectura de la Biblia no es suficiente. Tiene que hacer Dios algo dramático, radical, para que la gente sepa que lo que la Biblia dice es verdad. En el caso de Aarón y María Dios tuvo que poner a María leprosa; entonces fue que Aarón dijo que habían actuado locamente.

Aparentemente José de la Luz y Caballero se equivocó cuando dijo que el hombre es la razón y lo demás es el animal. En el caso del diluvio, refiriéndose a los animales que en la escuela primaria se definen como irracionales, la Biblia dice "de dos en dos entraron con Noé en el arca; macho y hembra... y los que vinieron, macho y hembra de toda carne vinieron". Es interesante que no diga los entraron ni, los trajeron, sino entraron, vinieron; que indica espontaneidad.

Pero, a pesar de que la implicación del documento bíblico es que Noé estuvo ciento veinte años advirtiendo lo que acontecería; de los supuestos seres racionales se nos dice que "entró Noé al arca, y con él sus hijos, su mujer, y las mujeres de sus hijos". De los que estaban dotados de razón sólo Noé y su familia se salvaron; y es la opinión del que escribe que la familia de Noé no se quedó fuera del arca porque esa era una época patriarcal y ni la esposa ni los hijos ni las nueras de Noé podían opinar. Si hubiera sido en estos tiempos de "liberación" sólo habría tenido Noé que entrar al arca. Los hijos le habrían dicho que ya ellos eran hombres. Las nueras habrían reclamado su derecho a la independencia de criterio. Y la mujer de Noé sencillamente habría dicho que ella tenía cerebro para pensar por sí misma y que los asuntos espirituales eran asuntos personales que ella decidiría por sí misma. Sólo habría entrado Noé al arca. ¡Qué tragedia, que una cucaracha, un ratón, una lagartija, fueran sensibles a los planes salvadores de Dios y el hombre no!; y enseñan en primer grado que aquéllos son irracionales y el hombre racional. Qué apreciación tan exacta la de la Biblia cuando dice que los hombres "se corrompen como bestias irracionales".

El otro caso de murmuración y la actitud de Dios frente a él es el de Coré, a quien alude Judas en su epístola como "la contradicción de Coré". La historia se encuentra en Números 16:1,2,32-35

> *Coré hijo de Izhar, hijo de Coat, hijo de Leví, y Datán y Abiram hijos de Eliab, y On hijo de Pelet, de los hijos de Rubén, tomaron gente, y se levantaron contra Moisés con doscientos cincuenta varones de los hijos de Israel, príncipes de la*

congregación, de los del consejo, varones de renombre... Abrió la tierra su boca, y los tragó a ellos, a sus casas, a todos los hombres de Coré, y a todos sus bienes. Y ellos, con todo lo que tenían, descendieron vivos al Seol, y los cubrió la tierra, y perecieron de en medio de la congregación. Y todo Israel, los que estaban en derredor de ellos, huyeron al grito de ellos; porque decían: No nos trague también la tierra. También salió fuego de delante de Jehová, y consumió a los doscientos cincuenta hombres que ofrecían el incienso.

Los que se congregaron para murmurar y sobre quienes cae el juicio fulminante de Dios constituían el grupo gobernante, "varones de los hijos de Israel, príncipes de la congregación, de los del consejo, varones de renombre... hombres que ofrecían el incienso", la flor y nata de la congregación. Sin embargo sobre ellos cae el juicio de Dios, porque El no hace acepción de personas. El lugar que esta gente ocupaba en la estratificación de la sociedad judía, lejos de ser un atenuante era un serio agravante porque el principio bíblico es que a quien mucho se da mucho se demanda. "Abrió la tierra su boca, y los tragó a ellos, a sus casas... y a todos sus bienes... con todo lo que tenían, descendieron vivos al Seol, y los cubrió la tierra". A veces uno se pregunta ¿tendrá Dios que abrir la tierra otra vez y hacer que ésta trague a unos cuantos para que la gente respete sus leyes? La dureza del corazón de esta gente se revela en el hecho de que no tenían dolor por haber ofendido a Dios, sino temor de que la tierra los tragara, "decían: No nos trague también la tierra". El corazón impenitente siempre se fija en la consecuencia no en la causa. Esto es a lo que se refieren algunos siquiatras con el nombre de culpa de miedo.

Cuando trabajábamos con este pasaje y con el anterior estuvimos a punto de no incluirlos. Este material se presentó originalmente en un mensaje a la iglesia que pastoreamos y no nos gusta usar pasajes que puedan dar la impresión de amenaza o que están siendo utilizados como defensa personal de la posición pastoral. Pero, después de pensarlo detenidamente, la decisión fue incluirlos. No podíamos, por temor a que se interpretara mal nuestra motivación, silenciar la Palabra de Dios. El evangelio que habla del consuelo divino, del cuidado de Dios, que nos dice que por sus llagas fuimos curados y que de sus manos nadie nos arrebatará, es el mismo evangelio que habla de la severidad de Dios frente al pecado. El padre que ama no solamente celebra la buena conducta de sus hijos, también reclama y disciplina. La honestidad pastoral obliga al hombre de Dios a proclamar tanto las promesas del Señor como sus amonestaciones.

En el capítulo 3, versículos 17 al 19 del libro de Ezequiel Dios hace una seria amonestación a sus profetas:

Hijo de hombre, yo te he puesto por atalaya a la casa de Israel; oirás, pues, tú la palabra de mi boca, y los amonestarás de mi parte. Cuando yo dijere al impío: De cierto morirás; y tú no le amonestares ni le hablares para que el impío sea apercibido de su mal camino a fin de que viva, el impío morirá por su maldad, pero su sangre demandaré de tu mano. Pero si tú amonestares al impío, y él no se convirtiere de su impiedad y de su mal camino, él morirá por su maldad, pero tú habrás librado tu alma.

¿Qué advertencia tienen estos casos de murmuración registrados en la Biblia para nosotros? Algunos podrían decir que esos son pasajes del Antiguo Testamento y que hoy vivimos en la gracia, que esa es una conducta de Dios que pertenece a un período ya superado por su amor. Pero 1 Corintios 10:1-11 no permite esa interpretación:

Porque no quiero, hermanos, que ignoréis que nuestros padres todos estuvieron bajo la nube, y todos pasaron el mar, y todos en Moisés fueron bautizados en la nube y en el mar, y todos comieron el mismo alimento espiritual, y todos bebieron la misma bebida espiritual; porque bebían de la roca espiritual que los seguía, y la roca era Cristo. Pero de los más de ellos no se agradó Dios; por lo cual quedaron postrados en el desierto. Mas estas cosas sucedieron como ejemplos para nosotros, para que no codiciemos cosas malas, como ellos codiciaron. Ni seáis idólatras, como algunos de ellos, según está escrito: Se sentó el pueblo a comer y a beber, y se levantó a jugar. Ni forniquemos, como algunos de ellos fornicaron, y cayeron en un día veintitrés mil. Ni tentemos al Señor, como también algunos de ellos le tentaron, y perecieron por las serpientes. Ni murmuréis, como algunos de ellos murmuraron, y perecieron por el destructor. Y estas cosas les acontecieron como ejemplo, y están escritas para amonestarnos a nosotros a quienes han alcanzado los fines de los siglos.

A veces el intérprete bíblico tiene que hacer exégesis para la que no tiene elementos tan claros como este pasaje. Casos donde hay que depender de la coyuntura histórica del documento y de otros factores del mundo que lo produce, pero estos versículos constituyen una autoexégesis. El Espíritu Santo inspiró la inclusión en la Biblia de las historias del Antiguo Testamento e inspiró la interpretación que Pablo hace de esos acontecimientos en 1 Corintios 10:1-11. En autoexégesis se camina en terreno seguro. No tiene uno que depender de las herramientas de la hermenéutica. No es una función académica. Según el Espíritu Santo esta historia fue escrita para advertirnos. Esta razón se repite dos veces: "Mas estas cosas sucedieron como ejemplos para nosotros" (v.6) "Y estas cosas les acontecieron como ejemplo" (v.11). Estas cosas fueron escritas para que sepamos que "de los más de ellos no se agradó Dios; por lo cual quedaron postrados en el desierto (v.5), "y cayeron en un día veintitrés mil" (v.8), "murmuraron, y perecieron por el destructor" (v.10); y para que "no codiciemos cosas malas" (v.6), "ni seáis idólatras" (v.7), "ni forniquemos" (v.8), "ni tentemos al Señor" (v.9), "ni murmuréis" (v.10). Es dudoso que pueda haber una advertencia en términos más claros y enérgicos que la que contiene este pasaje. Si la persona que se llama cristiana sigue murmurando, ya no hay más nada que pueda hacerse.

Capítulo 5

¿Por qué murmura el hombre?

¿Por qué murmura el hombre viviente, el hombre en su pecado?
Lamentaciones 3:39 (versión antigua)

La murmuración siempre se produce en un contexto de pecado. La piedad, la espiritualidad, y una fe funcional, constituyen una atmósfera enrarecida para la murmuración donde ésta no puede existir. Sólo una situación de pecado tiene los nutrientes necesarios para que la murmuración se desarrolle. Por la naturaleza pecaminosa de la murmuración con ella el hombre condena a otros y se absuelve a sí mismo. Analicemos varias expresiones de ese fondo de pecado.

1. Ingratitud.

La ingratitud siempre habla de lo que no tiene, nunca de lo que tiene.

> *Y toda la congregación de los hijos de Israel murmuró contra Moisés y Aarón en el desierto; y les decían los hijos de Israel: Ojalá hubiéramos muerto por mano de Jehová en la tierra de Egipto, cuando nos sentábamos a las ollas de carne, cuando comíamos pan hasta saciarnos; pues nos habéis sacado a este desierto para matar de hambre a toda esta multitud.*
>
> Exodo 16:2-3

Aquí tenemos a un pueblo ingrato y murmurador. Olvidado del trabajo forzado, de los azotes y de la deshumanización de que fue objeto en Egipto. Sólo piensan en la comida, inconsciente al hecho de que ahora es libre y el hambre es algo momentáneo. Se queja de lo que le falta en lugar de agradecer lo que tiene.

La piedad, la espiritualidad, y una fe funcional, constituyen una atmósfera enrarecida para la murmuración donde ésta no puede existir.

El versículo de Lamentaciones presenta a un hombre que, por su pecado está sufriendo, y murmura por su sufrimiento, en lugar de reconocer que aunque está sufriendo tiene vida lo que le permite reconocer su pecado y aceptar la responsabilidad personal por la circunstancia en que se encuentra y pedir a Dios su perdón, lo que a su vez podría resolver su condición. En lugar de agradecer la vida, que le ofrece la oportunidad de cambiar su circunstancia, murmura por la consecuencia de su pecado.

2. Envidia.

Al venir también los primeros, pensaron que habían de recibir más; pero también ellos recibieron cada uno un denario. Y al recibirlo, murmuraban contra el padre de familia, diciendo: Estos postreros han trabajado una sola hora, y los has hecho iguales a nosotros, que hemos soportado la carga y el calor del día. El respondiendo, dijo a uno de ellos: Amigo, no te hago agravio; ¿no conviniste conmigo por un denario? Toma lo que es tuyo, y vete; pero quiero dar a este postrero, como a ti. ¿No me es lícito hacer lo que quiero con lo mío? ¿O tienes tú envidia, porque yo soy bueno?

Mateo 20:10-15

¿Había sido injusto este empleador? ¿Tenían razón los empleados para su murmuración? Desde luego que no. La murmuración nunca tiene razón. Murmuraban por envidia. El murmurador no tolera que se tengan atenciones con otras personas. El es el único que tiene derecho a todas las cortesías.

En la vida de iglesia este tipo de persona siempre se está fijando cómo se trata a los demás y crea dificultades cuando cree no recibir lo mismo. En el relato del libro de los Hechos, cuando las viudas griegas vieron que a las hebreas les daban más comida que a ellas empezaron a murmurar. Hubiese sido más efectivo discutir la situación con los apóstoles; pero en el caso de ellas no era sólo un asunto de reclamar sus derechos, sino una situación de envidia y la envidia, por ser pecado, no puede expresarse sino pecaminosamente y el pecado, si no hay arrepentimiento, siempre es remunerado. *"Tuvieron envidia de Moisés en el campamento... entonces se abrió la tierra y tragó a Datán, y cubrió la compañía de Abiram. Y se encendió fuego en su junta; la llama quemó a los impíos"* (Salmo 106:16-18).

3. Descontento.

El apóstol Pablo nos dice que él había aprendido a contentarse con lo que tenía.

Habiendo atravesado por muchas situaciones de dolor que podría haberlas utilizado como razón para murmurar, él, sin embargo, prefería decir *"Quiero que sepáis, hermanos, que las cosas que me han sucedido, han redundado más para el progreso del evangelio, de tal manera que mis prisiones se han hecho patentes en Cristo en todo el pretorio, y a todos los demás. Y la mayoría de los hermanos, cobrando ánimo en el Señor con mis prisiones, se atreven mucho más a hablar la palabra sin temor" (Filipenses 1:12-14). El contentamiento y la murmuración no pueden coexistir. El corazón feliz ve en cada circunstancia de su vida el obrar amoroso del Salvador, por lo tanto no hay lugar para la murmuración. El autor se ha hospedado en la casa de una viuda que podría tener razones para lamentarse, sin embargo lo que sale de sus labios es gratitud al Señor y convivir con ella es una experiencia feliz. El corazón amargado, al contrario, sólo ve razones para murmurar. El murmurador no puede unirse al salmista en el canto "Jehová es la porción de mi herencia y de mi copa; tú sustentas mi suerte. Las cuerdas me cayeron en lugares deleitosos, y es hermosa la heredad que me ha tocado"* (Salmo 16:5-6).

Es una vergüenza que Epicteto, un filósofo griego para quien Dios no significaba lo mismo que para los cristianos, pudiera decir "estoy siempre contento con lo que sucede, porque yo sé que lo que Dios escoge es siempre lo mejor" mientras algunos que se llaman cristianos están siempre lamentándose.

4. Pensar que Dios y la vida son injustos.

El complejo de víctima da como resultado la murmuración. Hay personas que piensan que Dios y el mundo le deben algo. Tengo un amigo exiliado, que en su país de origen pertenecía a una familia acomodada económicamente. Su padre era un hacendado. Al llegar al norte de los Estados Unidos, país que lo acogía como refugiado, tuvo que trabajar en lo que encontró. En el crudo invierno de esa región llegaba a su trabajo a las cuatro o cinco de la madrugada para empezar un día de 18 horas. Hizo sus ahorros y con el tiempo compró el negocio donde había empezado como empleado. Cuando lo conocí ya vivía en el sur del país, con un buen negocio, otras propiedades y dinero en el banco. Me contó él que un día su cuñado le dijo "contigo lo que pasa es que has tenido buena suerte". A lo que mi amigo contestó "sí, mi buena suerte ha sido pasar frío y días de trabajo de 18 horas". Pero el que piensa que todo lo merece no ve estas razones. Cuando no recibe aquello a lo que cree que tiene derecho, la única vía que le queda es la de murmurar contra Dios, el sistema, el diablo, o cualquier cosa que no sea él. El es la víctima, con él no se ha sido justo. Esta gente debiera prestar atención a las palabras del poeta griego "Malos acontecimientos se derivan de malas causas, y lo que sufrimos surge, generalmente, de lo que hemos hecho". Si ponemos estas palabras de Aristófanes en forma positiva podemos decir "Buenos acontecimientos se derivan de buenas causas, y lo que disfrutamos surge, generalmente, de lo que hemos hecho".

Pero es más fácil culpar a otros de nuestros males o de la ausencia de bienes que asumir la responsabilidad personal de nuestras acciones o de nuestra inercia. Requiere menos esfuerzo decir que la culpa la tiene la sociedad, el sistema, los padres o la comadrona. Los cubanos, al menos los de mi pueblo, dicen que la culpa de todo la tiene el totí, un pajarito negro, al que se responsabilizaba de todo y se hacía chivo expiatorio de la conducta humana.

5. Pensar que Dios tiene malas motivaciones.

Y murmurasteis en vuestras tiendas, diciendo: Porque Jehová nos aborrece, nos ha sacado de tierra de Egipto, para entregarnos en manos del amorreo para destruirnos.

Deuteronomio 1:27

Una de las razones históricas del ayuno, en el paganismo del hombre primitivo fue la idea de que los dioses no soportaban ver al hombre feliz, y éste, para engañar a aquéllos dejaba de comer. Al privarse de la comida, que era uno de los grandes placeres de la vida, el hombre haría creer a los dioses que estaba triste y éstos, al verlo infeliz lo dejarían tranquilo. Parece que en la trastienda de la mente de algunos, o como diría Sigmund Freud en el subconsciente, todavía está latente este concepto pagano. El hombre, al ver a Dios, consciente o inconscientemente, como su enemigo, murmura y atribuye los males de la vida a malvados propósitos del Altísimo. El murmurador excluye de su vida la idea de un Dios de amor. Si el hombre entendiera que unas palabras del mensaje de Dios en la carta que el profeta Jeremías mandó a los judíos cautivos en Babilonia tiene un valor universal y permanente no murmuraría atribuyendo a Dios malas intenciones *Porque yo sé los pensamientos que tengo acerca de vosotros, dice Jehová, pensamientos de paz, y no de mal..."* (Jeremías 29:11).

> *El hombre, al ver a Dios, consciente o inconscientemente, como su enemigo, murmura y atribuye los males de la vida a malvados propósitos del Altísimo. El murmurador excluye de su vida la idea de un Dios de amor.*

6. Incredulidad.

Pero aborrecieron la tierra deseable; No creyeron a su palabra; antes murmuraron en sus tiendas, y no oyeron la voz de Jehová.

Salmo 106:24-25

¿Cómo puede aborrecerse lo deseable? "Esta extraña declaración viene a ser completamente inteligible sólo cuando llegamos al final del versículo. Lo que los israelitas despreciaron fue en realidad la promesa de Jehová de darles la agradable tierra de Canaán" (Anchor Bible). El desprecio de la tierra que fluía leche y miel fue una racionalización de la incredulidad de los que la exploraron.

Y murmuraron contra Moisés y contra Aarón todos los hijos de Israel, y les dijo toda la multitud: ¡Ojalá muriéramos en la tierra de Egipto, o en este desierto ojalá muriéramos! ¿Y por qué nos trae Jehová a esta tierra para caer a espada, y que nuestras mujeres y nuestros niños sean por presa? ¿No nos sería mejor volvernos a Egipto?

Capítulo 6

Resultados de la murmuración

Concretamente, ¿qué resultados tiene la murmuración?, ¿es la murmuración algo sin trascendencia?, ¿sólo una forma de entretenimiento sin malicia, o una manera de tener algo de qué conversar? Si ese fuera el caso la Biblia no hablaría de la murmuración de la manera en que lo hace, ni Dios trataría a los murmuradores con la severidad con que los trata. Lo cierto es que la murmuración ocasiona estragos en la sociedad en general y en la familia del Señor en particular. Una muestra de los daños que directamente derivan de la murmuración es suficiente para demostrar esta afirmación.

> *Lo cierto es que la murmuración ocasiona estragos en la sociedad en general y en la familia del Señor en particular.*

1. Crea división.

> *En aquellos días, como creciera el número de los discípulos, hubo murmuración de los griegos contra los hebreos, de que las viudas de aquéllos eran desatendidas en la distribución diaria.*
>
> Hechos 6:1

La murmuración tiene la habilidad de enfrentar a la gente, de dividir una comunidad, de hacer que las personas se atrincheren, de hacer que el hombre vea al otro hombre como su enemigo. La murmuración fragmenta, polariza. La murmuración dividió la iglesia del primer siglo entre griegos y hebreos. Dejaron de ser un solo rebaño para convertirse en grupos étnicos. Se concentraron en aquello que era importante sólo para grupos particulares y perdieron de vista lo que era importante para la comunidad. Do quiera haya murmuración se producirá confusión y la confusión lo único que produce es división. La gente, sin averiguar, sin establecer la verdad de lo que le han dicho se parcializa. Esto crea un ambiente propicio para toda mala obra. Santiago dice que "donde hay celos (envidia, versión antigua) y contención, allí hay perturbación y toda obra perversa" (Santiago 3:16).

La murmuración nunca puede ser un recurso para resolver los problemas entre los cristianos. Para producir la paz entre sus hijos Dios no puede utilizar lo que él condena. ¿Cómo puede el pecado servir los intereses del Señor? El que tiene verdadero deseo de ayudar a enderezar lo que considera que está torcido en la iglesia, nunca se valdrá de la murmuración. La palabra a escondidas, en las sombras, por la espalda, lo único que produce es división y confusión. Una discusión franca de las diferencias de opinión puede resultar en la armonía. Cuando una persona no está de acuerdo con algo debe hablar con quien está a cargo de aquello que cree no está bien. Las acciones o palabras que se consideran ofensivas o fuera de lugar deben ser discutidas con quien es responsable de ellas y en la forma más discreta. Hacerlo con otras personas es murmuración y por lo tanto perjudicial. Con frecuencia la murmuración se vale de generalizaciones. Las reclamaciones deben hacerse de frente y concretamente. Si las partes involucradas no pueden ponerse de acuerdo, siempre queda la opción de la separación amistosa, y cada una hacer la labor del Señor en la manera que entiende debe hacerla. La diferencia de opinión entre Pablo y Bernabé

> *La murmuración nunca puede ser un recurso para resolver los problemas entre los cristianos. Para producir la paz entre sus hijos Dios no puede utilizar lo que él condena.*

con relación a la participación de Juan Marcos en la labor misionera (Hechos 15:36-41) ilustra este punto. Discutieron sus diferencias abiertamente, aun apasionadamente, "hubo tal desacuerdo". Cada uno expuso su criterio acerca de Marcos. Pablo no murmuró de Marcos, él presentó sus razones de frente. A él "no le parecía bien llevar consigo al que se había apartado de ellos desde Panfilia, y no había ido con ellos a la obra". Pero, más adelante, es Pablo quien le pide a Timoteo que traiga a Marcos "porque me es útil para el ministerio" (2 Timoteo 4:11) y lo recomienda a la iglesia de Colosas (Colosenses 4:10). Marcos pudo trabajar con Pablo porque sabía que éste no atacaba por la espalda, era un hombre transparente, quien siempre resolvería las diferencias de frente. La separación no produjo resentimiento y por eso más adelante pudieron trabajar juntos.

Este es un proceder muy distinto al del relato que se nos da en Juan 7:12,

> Y había gran murmullo acerca de él entre la multitud, pues unos decían: Es bueno, pero otros decían: No sino que engaña al pueblo. Pero ninguno hablaba abiertamente de él, por miedo a los judíos.

2. Rompe amistades

> *El hombre perverso levanta contienda, y el chismoso aparta a los mejores amigos.*
>
> Proverbios 16:28

Simón Bolívar decía: "El chisme y las murmuraciones son lo más pernicioso que existe, pues su labor nefasta es sembrar odio y rencor hasta destruir los más grandes lazos de amistad". La murmuración consigue separar amistades. ¡Qué tristeza! Personas que anduvieron juntas, que se amaron, a quienes gustaba compartir la mutua compañía el chismoso las ha separado. Ahora

> *Las acciones o palabras que se consideran ofensivas o fuera de lugar deben ser discutidas con quien es responsable de ellas y en la forma más discreta. Hacerlo con otras personas es murmuración, y por lo tanto, perjudicial.*

existe frialdad y tensión. Solamente la educación mantiene la relación. Todo porque alguien dio rienda suelta a su mente enferma, a su espíritu contaminado, a su compulsión de destruir y de dos amigos hizo dos enemigos.

3. Paraliza la obra de la iglesia

Entonces el pueblo murmuró contra Moisés.

Exodo 15:24

En páginas anteriores se indicó que la palabra que se traduce por murmuración en este versículo significa también pernoctar, parar. Ese sentido de la palabra se ve ilustrado en Números capítulo 12 versículo 15 que dice *"Así María fue echada del campamento siete días; y el pueblo no pasó adelante hasta que se reunió María con ellos"*. ¿Por qué tuvieron que esperar siete días a María? Porque estaba leprosa, y ¿por qué estaba María leprosa?, porque había murmurado. La historia de la Iglesia demuestra que la murmuración detiene el crecimiento de la obra de Dios, la paraliza. Las fuerzas que debieran utilizarse en el cumplimiento del propósito de Dios se derrochan en el cuchicheo de grupitos que chocan entre sí, en perjuicio de aquello para lo cual Cristo murió, aquello para lo cual la iglesia ha sido dotada de las virtudes del siglo venidero y depositaria de la gracia salvadora de Dios. Todo se mantiene inerte, en lugar de utilizarse para la gloria de Dios y la redención del mundo por el cual Cristo murió. El tiempo se pierde en el cuchicheo, en la murmuración, en el ¿te enteraste?, ¿escuchaste?, en el que dijeron, que no dijeron. Mientras tanto la obra del Señor está paralizada. Y la culpa de la paralización la atribuyen a una fuerza extraña, o al diablo o a los demonios. Lo irónico es que los que tienen puesto el freno se preguntan ¿por qué estará parado el carro? La murmuración obstaculiza la obra de Dios porque consigue agrietar la iglesia, logra polarizar los recursos humanos de ésta, rompe relaciones, separa amistades, enfrenta a la gente. Las energías y el tiempo que podrían usarse en la edificación del cuerpo de Cristo, en el establecimiento del reino de Dios, en la salvación de este perdido mundo, son derrochadas debilitando la iglesia y arruinando su credibilidad.

Mientras todo esto ocurre en la comunidad de fe; el reino de las tinieblas se fortalece, el diablo ríe y Dios llora: sus hijos han caído en la trampa.

Cómo detener la murmuración

Aparentemente hay quienes no quieren curarse del mal de la murmuración. Gente que prefiere arriesgarse a que la tierra se la trague o a contraer lepra, antes que dejar de murmurar. Como a pesar de todo lo que la Biblia dice acerca de la murmuración, algunos insisten en murmurar, ¿qué puede hacerse para detener la murmuración, o al menos no contribuir a ella? A continuación se proponen ocho medidas que pueden neutralizar la murmuración.

1. Los murmuradores terminarán cuando no haya quien los escuche. La murmuración es asunto de oferta y demanda. Lo que no se vende deja de producirse. Augusto Hare, un pastor inglés fallecido en 1834, se preguntaba "¿cuándo los habladores dejarán de hablar?" y él mismo

> *Los murmuradores necesitan audiencia. Si cada vez que alguien viniera con un chisme lo pararan, con cortesía pero con firmeza, los murmuradores morirían por asfixia.*

respondía la pregunta, "cuando los escuchadores dejen de oír lo malo". "Cierra tu oído a aquel que abre su boca en contra de otro" (Quarles). ¿Cuándo no vendrán a usted con murmuraciones?, cuando usted no los atienda. Lo que necesita la iglesia es tener personas que cuando alguien venga a murmurar hagan como un pastor, cuando alguien iba a decirle un chisme. Su respuesta al murmurador era "por favor, escríbelo en este pedazo de papel y fírmalo para luego verificarlo con la persona de la que tú estás diciendo esas cosas". A no pastor, yo no quiero que usted hable con ella. "Oh no, hijo mío, eso tenemos que resolverlo, escríbelo con todos los detalles, fírmalo y déjalo en el escritorio que yo voy a llamar a la persona para escuchar su versión; o de lo contrario no me digas nada".

El autor ha sido pastor por muchos años y cuando alguien me dice que me va a contar algo, pero no quiere que yo tome medidas en el asunto, invariablemente mi respuesta es que no me lo diga, que yo no tengo espacio en el cerebro para información que no tiene uso. Además, yo no soy curioso de aquello que no contribuye a mi enriquecimiento como persona. El único espacio que tengo es para las cosas útiles.

Los murmuradores necesitan audiencia. Si cada vez que alguien viniera con un chisme lo pararan, con cortesía pero con firmeza, los murmuradores morirían por asfixia. ¿Cuándo se acabarán los murmuradores? cuando usted no los escuche, cuando usted les diga, de eso no me hablen, no me interesa, vayan y díganselo a él o a ella pero aquí no vengan con el cuento. Pero, cuando se les dice, "ay no me digan, pues tenemos que orar, pero ¿cómo fue la cosa?, ¿qué fue lo que hizo?, denme los detalles". Ahí empieza a funcionar la red telefónica "para orar".

Quizás peor que el murmurador es el que le escucha, porque éste es en realidad quien mantiene vivo al otro. Cuando el murmurador descubre que nadie le pone atención se enmienda o se muda. ¿Cuándo dejarán de hablar? Cuando los dejemos de escuchar. En

> *Quizás peor que el murmurador es el que le escucha, porque éste es en realidad quien mantiene vivo al otro.*

palabras del obispo Hold "No habrían tantas bocas abiertas, si no hubiesen tantos oídos abiertos". El obispo tenía absoluta razón en lo que decía. Los oídos abiertos son los que mantienen las lenguas activas. La posición de Simón Bolívar frente a los murmuradores era categórica: "Si eres portador del chisme y murmuraciones, por favor no te detengas ni hables. Ve con tu virus a otra parte".

2. Cuando nos demos cuenta que al escuchar nos hacemos cómplices. Para el dramaturgo inglés Richard Brisley Sheridan "el llevador de cuentos es tan malo como el que los inventa". Herodoto decía, "el murmurador infringe daño cuando calumnia al ausente y el que da crédito a la calumnia antes de saber la verdad es igualmente culpable". Herodoto lo ponía en palabras bonitas; en mi pueblo decían que tanta culpa tiene el que mata la vaca como el que le aguanta la pata. Escuchar al murmurador es compartir con él la responsabilidad. No hay murmuración a menos que haya quien escuche.

En este sentido se puede establecer una analogía entre la murmuración y el concepto de ruido. Un árbol que cae en un bosque solitario no hace ruido. Para que lo que produce el árbol al caer se llame ruido alguien tiene que oírlo. Cuando una persona entiende que al escuchar al murmurador se hace su cómplice deja de prestarle su oído y éste muere. El que escucha al murmurador tiene las mismas características de éste. Prestar oído al murmurador es una forma de murmuración.

3. Cuando reconozcamos que a quien únicamente beneficia la murmuración es al diablo. No hay ningún otro beneficiado. El Diccionario Enciclopédico del Idioma, de Martín Alonso, dice que, "dar de comer al diablo", es una frase figurada y familiar para referirse a la murmuración, y T. Watson decía "nuestras murmuraciones son la música del diablo." Murmurar pues, es servir un banquete al diablo con acompañamiento musical. Algunos podrían pensar que al diablo se alimenta sólo con lo que en los cánones sociales ha adquirido proporciones escandalosas, pero él no tiene predilección en el menú de los pecados.

Hay quienes siempre están predicando en contra de la droga, del adulterio, de la fornicación y de la pornografía, que no decimos que esas cosas no sean malas y que no se deba hablar en contra de ellas pero, el cristiano promedio no ha acabado de descubrir la logística del diablo.

> *El que escucha al murmurador tiene las mismas características de éste. Prestar oído al murmurador es una forma de murmuración.*

A éste no le interesa ningún pecado en particular, ninguno en lo absoluto. A él le interesa cualquier cosa, aunque sea jugo de naranja, que paralice la iglesia. Eso es lo que le interesa. Mientras los cristianos estamos bombardeando la pornografía, la homosexualidad, las drogas, y el aborto; casi en una manera obsesiva, el diablo está haciendo de las suyas en otros frentes que, desde el punto de vista de la sociedad no son tan graves pero que hacen daño a la iglesia que es, en definitiva lo que le interesa a él. Imagine el lector el siguiente monólogo entre el diablo y sus demonios y estará dramatizando la enseñanza bíblica a este respecto:

"Deja que esos cristianos se enreden bastante, que le den duro a la pornografía, que le den duro al alcohol y al adulterio y a todas esas cosas, que hagan de un pecado en particular su blanco favorito, que yo no tengo predilección por ninguno. A mí lo que me interesa es neutralizar la iglesia. Lo mismo me da hacerlo con el adulterio, con la pornografía, con heroína, o con la murmuración; porque ellos están preocupados con el medio, yo estoy ocupado con el fin".

Cuando el murmurador se dé cuenta que en la murmuración el único que sale beneficiado es el diablo, la murmuración cesará. Al reconocer que al murmurar se convierte en instrumento del diablo, poniendo sus intereses antes que los de Dios, el que es cristiano dejará de murmurar.

4. Cuando se reconozca que la murmuración interrumpe y paraliza la obra de Dios, que la caravana estará detenida hasta que se cure la leprosa. La iglesia no es mágica sino una comunidad gobernada por principios divinos:

> *¡Mirad cuán bueno y cuán delicioso es habitar los hermanos juntos en armonía!... porque allí envía Jehová bendición y vida eterna.*
>
> Salmo 133:1,3

Pentecostés no se produjo en un vacío, no fue hipnotismo. Se produjo cuando los cristianos estaban unánimes juntos. Cuando el cristiano reconozca que su murmuración impide la unanimidad imprescindible para la salud de la iglesia. Cuando se comprenda que la murmuración no solamente ayuda al diablo pero perjudica a Dios ésta cesará.

5. Cuando se acepte que al murmurar del que tiene la imagen de Dios se está murmurando de Dios, *"maldecimos a los hombres, que están hechos a la semejanza de Dios"* (Santiago 3:9), el murmurador, si todavía es sensible a la represión del Espíritu de Dios, dejará de murmurar.

6. Cuando pensemos que el que murmura de otros delante de nosotros, murmurará de nosotros delante de otros. Como queda dicho en páginas anteriores, una de las palabras hebreas para murmuradores es llevador de cuentos. El murmurador es una especie de mensajero. Su trabajo es hacer entregas ("deliveries"). Recoge aquí y entrega allá, recoge allá y entrega aquí. Es el tipo que te habla mal hoy de alguien y mañana le habla a alguien mal de ti. Por eso no tengo confianza en las personas que difaman a alguien delante de mí, porque pienso que en cualquier momento yo estaré en la lista de los próximos que serán difamados. "No escuches al chismoso o al difamador porque él no dice nada de buena voluntad, porque al descubrir los secretos de otros a su vez descubrirá los tuyos también delante de otros" (Sócrates).

7. Cuando reconozcamos que es pecado. Juan Wesley, fundador del metodismo, decía que él temía tanto a la murmuración como a los juramentos y blasfemias. La murmuración, independiente a cualquier consideración social,

8:00		8:00	
9:00 Use This		9:00	
10:00 as a Ceparaleop			
11:00		11:00	
12:00		12:00	
1:00		1:00	
2:00		2:00	

ética o legal debe ser condenada porque es pecado. Es parte del mundo enajenado de Dios y la Biblia dice,

> *No améis al mundo, ni las cosas que están en el mundo. Si alguno ama al mundo, el amor del Padre no está en él.*
>
> 1 Juan 2:15

La murmuración puede que no tenga la trágica celebridad social de la homosexualidad, de la fornicación, o del adulterio, pero a los ojos de Dios tiene la misma gravedad; cae dentro de la misma definición de pecado. La gradación de los pecados es invención humana no criterio divino. ¿Por qué usted no fornica? porque cree que es pecado. ¿Por qué usted no roba?, ¿por qué usted no se emborracha?, porque cree que es pecado. Si usted murmura la deducción lógica es que lo hace porque no ha aceptado que es pecado. Cuando se acepte, sencilla y llanamente, que murmurar es pecado y el que peca, según la Biblia, es del maligno, la murmuración no puede continuar, al menos por parte de los que se consideren cristianos.

8. Cuando se reconozca que la murmuración va dirigida contra Dios. En realidad la murmuración va dirigida contra Dios. Así lo demuestra la lectura de la Biblia.

> *La murmuración puede que no tenga la trágica celebridad social de la homosexualidad, de la fornicación, o del adulterio, pero a los ojos de Dios tiene la misma gravedad; cae dentro de la misma definición de pecado.*

Porque Jehová ha oído vuestras murmuraciones con que habéis murmurado contra él; porque nosotros, ¿qué somos? Vuestras murmuraciones no son contra nosotros, sino contra Jehová.

Exodo 16:8

En la exégesis de Exodo 16:2, Coert Rylaarsdam dice lo siguiente: "El pueblo había perdido la fe en el liderazgo de Jehová y por lo tanto denuncia a aquellos que lo representan". La murmuración en contra de los líderes del pueblo era una murmuración dirigida en contra de aquel a quien éstos representaban.

Cuando la gente pierde su contacto con Dios y el Altísimo deja de ser Señor, como a

El no lo ven, atacan a aquel que sí ven. Según el autor citado, la murmuración contra Moisés era una murmuración contra Dios por haber perdido el pueblo la confianza en que lo que Dios estaba haciendo estaba bien hecho y que Dios sabía lo que hacía.

Santiago suscribe la opinión de Moisés en este respecto.

> *Hermanos, no murmuréis los unos de los otros. El que murmura del hermano y juzga a su hermano, murmura de la ley y juzga a la ley; pero si tú juzgas a la ley, no eres hacedor de la ley, sino juez. Uno solo es el dador de la ley, que puede salvar y perder; pero tú, ¿quién eres para que juzgues a otro?*
>
> Santiago 4:11-12

No se puede murmurar en contra de un hijo de Dios sin estar murmurando de Dios. ¿Cómo reaccionará Dios cuando ve que a uno de sus hijos lo acorralan y hacen su vida difícil, esparciendo nubes sobre su nombre que pueden producir incertidumbres e interrogantes acerca de su carácter?

Capítulo

8

¿Cómo protegerse de la murmuración?

Aunque hay asuntos del Antiguo Testamento que no son incorporados en el Nuevo, la postura del Señor, sin embargo, tanto en su opinión como en su remuneración, con relación a la murmuración y al murmurador es constante en ambos testamentos. Los pasajes bíblicos que se han examinado demuestran, en forma tanto conceptual como gráfica, la gravedad que Dios da a la murmuración.

También se ha presentado la acción que debe tomarse para detener la murmuración. Pero, a pesar de la severidad con que Dios trata el asunto y lo que el hombre puede hacer para neutralizar al murmurador, algunos seguirán murmurando. La murmuración es algo tan pernicioso que es posible que a pesar de todo lo que Dios diga y nosotros hagamos, no podamos impedirla. "Sé casto como el hielo y puro como la nieve, no escaparás a la calumnia" (Shakespeare). Algunos seguirán murmurando, sordos a acciones humanas o divinas. Hay personas, llamadas cristianas, que no importa las amonestaciones de la Palabra de Dios, seguirán murmurando. A algunos ni la muerte los detendrá. Aun después de ella seguirán murmurando. Imagino que el infierno será el paraíso de los murmuradores; así que éstos, aun después de su muerte seguirán en su ocupación favorita en el ambiente ideal. Si después de hacer todo lo que está a nuestro alcance para detener la murmuración no tenemos éxito. ¿Qué podemos hacer para protegernos de ella? Si no podemos silenciar al murmurador, ¿qué hacer para que no nos perjudique? Busquemos la respuesta en el consejo de la Palabra de Dios

---

Imagino que el infierno será el paraíso de los murmuradores; así que éstos, aun después de su muerte seguirán en su ocupación favorita en el ambiente ideal.

y en las medidas tomadas por algunos hombres célebres que sufrieron el ataque de los murmuradores.

Cuando Platón supo que algunos andaban diciendo que él era un hombre muy malo, dijo: "Tendré cuidado de vivir de tal modo que nadie les creerá". El filósofo anticipó la pauta bíblica que encontramos en la primera carta del apóstol Pedro, capítulo 3 versículo 13 *"¿Y quién es aquel que os podrá hacer daño, si vosotros seguís el bien?"*. La conducta correcta es un argumento irrefutable, una defensa formidable. José Martí decía que el mejor sermón es una vida. En palabras del apóstol Pablo "nada podemos contra la verdad, sino con la verdad misma". Vive de acuerdo a los preceptos de la fe cristiana, y ni lo presente ni lo porvenir, ni lo alto ni lo bajo, nadie ni nada podrá perjudicarte. Nada es tan efectivo para cerrar la boca a los leones como una vida sin reproche. La conducta es la más efectiva defensa o acusación.

> *Por lo demás, hermanos míos, fortaleceos en el Señor, y en el poder de su fuerza. Vestíos de toda la armadura de Dios, para que podáis estar firmes contra las asechanzas del diablo. Porque no tenemos lucha contra sangre y carne, sino contra principados, contra potestades, contra los gobernadores de las*

> *Nada es tan efectivo para cerrar la boca a los leones como una vida sin reproche. La conducta es la más efectiva defensa o acusación.*

tinieblas de este siglo, contra huestes espirituales de maldad en las regiones celestes. Por tanto, tomad toda la armadura de Dios, para que podáis resistir en el día malo, y habiendo acabado todo, estar firmes. Estad, pues, firmes, ceñidos vuestros lomos con la verdad, y vestidos con la coraza de justicia, y calzados los pies con el apresto del evangelio de la paz. Sobre todo, tomad el escudo de la fe, con que podáis apagar todos los dardos de fuego del maligno. Y tomad el yelmo de la salvación, y la espada del Espíritu, que es la palabra de Dios.

Efesios 6:10-17

Tomar la armadura de Dios aquí es la integración de los valores de la ética cristiana. La cota de justicia no es la cubierta de la justicia redentora de Dios haciendo al hombre justo delante de él, sino el producto de esa justicia en la conducta del redimido: Un Dios justo que ha producido adoradores justos. Es justicia funcional. Pedro agrega: *"Así que, ninguno de vosotros padezca como homicida, o ladrón, o malhechor, o por entremeterse en lo ajeno" (1 Pedro 4:15). Los que viven justamente, sin alardes farisaicos, son invulnerables a la murmuración. La vida piadosa sitúa al hombre en el lado de Dios, y el planteamiento retórico que hacía el apóstol Pablo era "Si Dios es por nosotros, ¿quién contra nosotros?"* (Romanos 8:31). David fue un hombre perseguido y calumniado. La dura experiencia y su comunión con Dios le enseñaron a formular la estrategia expresada en el Salmo 27:11, para impedir que el murmurador lo destruyera *"Enséñame, oh Jehová, tu camino, y guíame por senda de rectitud a causa de mis enemigos".* Los que han aprendido a vivir para Dios podrán ser atacados, pero nunca destruidos. En su momento Dios vindicará a sus hijos que son calumniados. Ese es su compromiso con los que viven para él:

> *Si alguno conspirare contra ti, lo hará sin mí; el que contra ti conspirare, delante de ti caerá. Ninguna arma forjada contra ti prosperará; y condenarás toda lengua que se levante contra ti en juicio. Esta es la herencia de los siervos de Jehová, y su salvación de mí vendrá, dijo Jehová.*
>
> Isaías 54:15,17

Requisito previo al disfrute del descanso que deriva de estas palabras del profeta Isaías es la fe en un Dios soberano que reina sobre el bien y el mal. En el segundo libro de Samuel se relata una historia que ilustra la confianza que el rey David tenía en la soberanía de Dios.

Y vino el rey David hasta Bahurim; y he aquí salía uno de la familia de la casa de Saúl, el cual se llamaba Simei hijo de Gera; y salía maldiciendo, y arrojando piedras contra David, y contra todos los siervos del rey David; y todo el pueblo y todos los hombres valientes estaban a su derecha y a su izquierda. Y decía Simei, maldiciéndole: ¡Fuera, fuera, hombre sanguinario y perverso! Jehová te ha dado el pago de toda la sangre de la casa de Saúl, en lugar del cual tú has reinado, y Jehová ha entregado el reino en mano de tu hijo Absalón; y héte aquí sorprendido en tu maldad, porque eres hombre sanguinario. Entonces Abisai hijo de Sarvia dijo al rey: ¿Por qué maldice este perro muerto a mi señor el rey? Te ruego que me dejes pasar, y le quitaré la cabeza. Y el rey respondió: ¿Qué tengo yo con vosotros, hijos de Sarvia? Si él así maldice, es porque Jehová le ha dicho que maldiga a David. ¿Quién, pues, le dirá: ¿Por qué lo haces así?

2 Samuel 16:5-10

La reacción de David obedecía a la convicción que tenía de no estar a merced de Abisai. El sabía que éste sólo podría atacarlo con el consentimiento de Dios y por lo tanto quien tenía control de la situación era Dios y no Abisai. Los que se defienden con las mismas armas que utiliza el murmurador demuestran que sus vidas no están al cuidado de Dios o no tienen confianza en su soberanía y amor.

El autor francés del siglo XVII, Moliere, resolvía el problema de la murmuración con las siguientes palabras: "Nadie está libre de la difamación, lo mejor es no hacerle caso, pero vivir en inocencia y dejar que el mundo hable". El único auxilio que tenemos frente a la murmuración es el saber quiénes somos y cómo vivimos. No se debe utilizar tiempo en tratar de desenredar los enredos que la gente hace con respecto a uno.

No tiene sentido desarrollar un complejo quijotesco y andar siempre enderezando entuertos. Con algunas personas ese es tiempo perdido. Hace años, en un sobre de azúcar, de los que dan en los restaurantes para el café, leímos el siguiente pensamiento "Nunca expliques: tus amigos no necesitan una explicación, y tus enemigos nunca la creerán".

Por algún tiempo la congregación de la que el autor es pastor en Miami tuvo alquiladas algunas de las facilidades del Colegio Loyola en esa ciudad. Un colegio que se llame Loyola está, casi invariablemente, dirigido por jesuitas. Ese, sin embargo, no era el caso de Miami. Una persona de América Latina que estaba de visita, al ver el nombre Loyola pensó que era una institución católica y al regresar a su país dijo que yo estaba trabajando con los jesuitas. La noticia preocupó a una amistad nuestra, y cuando visitó Miami me preguntó, con preocupación, si era cierto lo que le habían dicho de la relación con los jesuitas. Le dije que no era cierto el comentario pero que no era necesario que me defendiera. Si yo *era* lo que la gente decía, no me podía defender porque yo era lo que la gente decía. Si yo *no era* lo que la gente decía, no me tenía que defender, porque yo no era lo que la gente decía.

Para el que escribe el juicio final es fuente de infinito consuelo. Lo único que se necesita es la paciencia para esperarlo. La Biblia dice:

> *Y vi un gran trono blanco y al que estaba sentado en él, de delante del cual huyeron la tierra y el cielo, y ningún lugar se encontró para ellos. Y vi los muertos, grandes y pequeños, de pie ante Dios; y los libros fueron abiertos, y otro libro fue abierto, el cual es el libro de la vida; y fueron juzgados los muertos por*

> *Lo que en la eternidad nos absolverá en el día del juicio final, es lo único que puede protegernos de los ataques de la murmuración, en nuestra peregrinación temporal.*

las cosas que estaban escritas en los libros, según sus obras.

Apocalipsis 20:11-12

El Juez se sentará y abrirá los libros. Lo que es determinante es lo que esté escrito en esos libros con el puño y letra de él. Lo que la gente diga, malo o bueno, no tiene consecuencias eternas y por lo tanto no debe interesar al que sabe lo único que puede estar escrito en los libros acerca de él. El Señor no necesita testigos ni a favor ni en contra. En ese día tus amigos no podrán ayudarte ni tus enemigos perjudicarte. Ese es el día de la soledad de la realidad. En ese día el hombre aparecerá desnudo ante el Juez de toda la tierra, cuyos ojos pasean el universo y ante cuya mirada nada puede esconderse. Allí los ropajes con que la sociedad sobreviste al hombre caerán de su cuerpo; ya sea el ostentoso vestido de la adulación o los andrajos de la crítica destructiva. Sólo lo autentico quedará incólume. Lo que en la eternidad nos absolverá en el día del juicio final, es lo único que puede protegernos de los ataques de la murmuración, en nuestra peregrinación temporal. Este pasaje se trata con más amplitud en mi libro "Principios para Vivir".

Cristo enseñó que sus seguidores son bienaventurados cuando contra ellos se diga toda clase de mal, mintiendo. Vivamos en el descanso de una limpia conciencia. Sólo tenemos que asegurarnos de que cuando se murmure de nosotros la verdad no asista al murmurador.

Bienaventurados sois cuando os vituperaren y os persiguieren, y dijeren de vosotros todo mal por mi causa, mintiendo

Mateo 5:11